悲壮刺客——荆轲

◎ 主编　金开诚

◎ 编著　崔　冶

吉林出版集团有限责任公司

吉林文史出版社

图书在版编目（CIP）数据

悲壮刺客——荆轲 / 崔冶编著 . 一长春：吉林出
版集团有限责任公司：吉林文史出版社，2010.11（2022.1重印）
ISBN 978-7-5463-4149-1

Ⅰ . ①悲… Ⅱ . ①崔… Ⅲ . ①荆轲（？ ~ 前 227）–
传记 Ⅳ . ① K827=31

中国版本图书馆 CIP 数据核字（2010）第 222292 号

悲壮刺客——荆轲

BEIZHUANG CIKE JINGKE

主编/金开诚 编著/崔 冶

项目负责/崔博华 责任编辑/崔博华 刘姝君

责任校对/刘姝君 装帧设计/柳甬泽 王丽洁

出版发行/吉林文史出版社 吉林出版集团有限责任公司

地址/长春市人民大街4646号 邮编/130021

电话/0431-86037503 传真/0431-86037589

印刷/三河市金兆印刷装订有限公司

版次/2010 年 11 月第 1 版 2022 年 1 月第 5 次印刷

开本/640mm×920mm 1/16

印张/9 字数/30千

书号/ISBN 978-7-5463-4149-1

定价/34.80元

前　言

　　文化是一种社会现象，是人类物质文明和精神文明有机融合的产物；同时又是一种历史现象，是社会的历史沉积。当今世界，随着经济全球化进程的加快，人们也越来越重视本民族的文化。我们只有加强对本民族文化的继承和创新，才能更好地弘扬民族精神，增强民族凝聚力。历史经验告诉我们，任何一个民族要想屹立于世界民族之林，必须具有自尊、自信、自强的民族意识。文化是维系一个民族生存和发展的强大动力。一个民族的存在依赖文化，文化的解体就是一个民族的消亡。

　　随着我国综合国力的日益强大，广大民众对重塑民族自尊心和自豪感的愿望日益迫切。作为民族大家庭中的一员，将源远流长、博大精深的中国文化继承并传播给广大群众，特别是青年一代，是我们出版人义不容辞的责任。

　　本套丛书是由吉林文史出版社和吉林出版集团有限责任公司组织国内知名专家学者编写的一套旨在传播中华五千年优秀传统文化，提高全民文化修养的大型知识读本。该书在深入挖掘和整理中华优秀传统文化成果的同时，结合社会发展，注入了时代精神。书中优美生动的文字、简明通俗的语言、图文并茂的形式，把中国文化中的物态文化、制度文化、行为文化、精神文化等知识要点全面展示给读者。点点滴滴的文化知识仿佛颗颗繁星，组成了灿烂辉煌的中国文化的天穹。

　　希望本书能为弘扬中华五千年优秀传统文化、增强各民族团结、构建社会主义和谐社会尽一份绵薄之力，也坚信我们的中华民族一定能够早日实现伟大复兴！

目录

一、没落的贵族，对理想的守望

荆轲（？—公元前 227 年），中国战国时期著名刺客。战国末期卫国人,汉族,喜好读书击剑，为人慷慨侠义。后游历到燕国，被称为"荆卿"，随之由燕国智勇深沉的"节侠"田光推荐给太子丹，拜为上卿，秦国灭赵后,兵锋直接燕国南界，太子丹震惧，与田光密谋，决定派荆轲入秦刺秦王。公元前 227 年，荆轲同秦舞阳带燕督元地图和樊於期首级，前往秦国刺杀秦王。临行前，许多人在易水边为荆轲送行，场面十分悲壮，荆轲来到秦国后，秦王在咸阳宫隆重召见了他。荆轲在献燕督元地图时，图穷匕见，刺秦王不中，被杀。

实现理想与人生价值对于生存在儒家文化和思想体系下的中国人来说，可谓人生百年中最重要的事情，甚至可以说是活着的最高目的。《左传·襄公二十四年》揭示先秦儒家人生理想时谈道："太上有立德，其次立功，再次立言。

经久不废, 此之谓三不朽。""立德、立功、立言"不但是先秦时期文人的人生理想，从此也成为历朝历代有志之士的最高奋斗目标。但是对于有抱负、有志向的人来说，常常有一种悲剧的命运，就是壮志未酬。历史给了每一个心怀壮志的人去拼搏的权利，但是结局却不尽相同，只有少数人成为了历史的宠儿，最终把自己的人生推向巅峰，尝尽实现理想的甘甜与欣悦，而萦绕着大多数人的还是失败和抑郁的苦闷。历史会记住圣人的德行、智者的才情、英雄的伟业，但是也会展示失败者的人生，因为众多的壮

志未酬之人需要用伟大的失败者的故事来抚慰自己的无奈和愁苦，于是许多被历史的车轮碾碎了的悲情人物在人们的心中世代流传，悲壮刺客——荆轲便是以这样的身份被人们所传诵，我们在哀叹"谋事在人，成事在天"的同时，也深深被他的行为和信念所感动。那么历史上的荆轲到底是什么样的人物呢？能让我们在千载之后仍然对他的名字念念不忘。历史上最早关于荆轲人生的记载来自于伟大史学家司马迁的《史记》，在其《刺客列传》里他生动地记叙了这位

刺客短暂而又惊险的一生，这便是历史
上第一个荆轲形象的塑造。司马迁虽然
是从史学的角度来描绘这位为了自己的
信仰所献身的刺客的，但是却为此后的
文学家提供了发挥的空间。随后在西汉
末年刘向编纂的《战国策·燕策三》中，
细腻地描写了荆轲刺秦王的故事，从此
荆轲从一个历史人物开始向文学形象转
变，直至今天他的故事被搬上了荧幕。

　　荆轲这个历史人物是因为那次力量

与身份都不对等的刺杀而出名，但在刺秦王之前，他过着一段潇洒而又充满着无奈的生活。荆轲出生的具体年代今天我们已经无法推断出了，史料上更没有确切的记载，司马迁在创作《史记》时，荆轲的同时代人还有在世者，司马迁奔走拜访这些先生，认真求教荆轲的事迹，但他却没能说明这位令众人仰慕的侠客的生辰，不免让人遗憾。荆轲生活在战国末期，正是中华大地上诸侯国之间进

行战争的高潮时期。他是卫国人，卫国在春秋战国时期称不上是一个大国，周武王灭商之后封他最小的弟弟于康邑，世称康叔，后来周公又将原来商都城周围的地区和殷民七族封给了康叔，建立了卫国，定都朝歌，也就是今天的河南省北部的淇县。直到秦二世下诏废掉卫国最后一个君主君角的爵位，卫国共立国八百三十八年。即使有这样比较长久的诸侯国历史，但是卫国在当时变幻莫测的国际事务中也一直没有起到什么决定性作用，没有踏入"五霸"和"七雄"

之列，荆轲的青少年时代便是在这样的一个诸侯国度过的。在人们的观念和印象里，有名的或是很出众的人一定大有来头，有一个离奇的身世或是成长于一个很神秘的环境，就像金庸武侠小说中的大侠，无非名门之后就有一段离奇的身世或是不同于寻常人的境遇。荆大侠不用后人给他附会一段离奇的境遇，他的出身便十分符合人们的审美观念，荆轲虽然是卫国人，却是齐国贵族庆氏的后代，卫国人也因此称他为庆卿。这个庆氏在齐国曾经很有势力，齐桓公之子无亏生公孙庆克，其子以父名命氏，称为庆氏。中国古代人的姓分为两部分——姓和氏。一开始一个人或是一个家族只有姓，随着家族的发展，这个家族的成员越来越多，其中有一些优秀的人出现，他的后辈便会以他的名字或是封号、封地、官职等为氏。比如说我国战国时期楚国的王室成员都姓芈，只有成为楚王的人才可以以熊为氏，著名的浪漫主义诗人屈原，芈姓屈氏，屈原是

楚国的贵族，楚武王熊通之子屈暇的后代，所以他以屈为氏，我们现代人已经将姓和氏混同了。春秋时，齐有庆封，晋有庆郑，都是齐桓公的后代。庆封在齐灵公时期任大夫，庄公时与崔杼同为上卿，执掌国政，后来二人再升为左右相国。因崔杼家内内乱，庆封以弑君罪灭掉崔氏，独霸朝政。但是在这之后，庆封将政事交儿子庆舍处理，而自己则荒淫无度，引起了满朝对庆氏的不满。

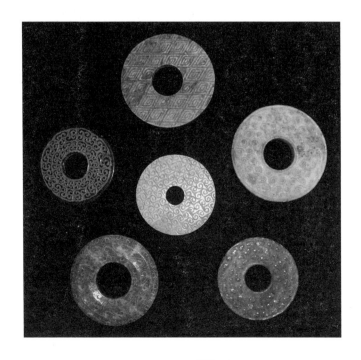

后来庆封的亲信卢蒲癸与王何，趁庆封外出之机，杀掉了庆舍，庆封见势不妙，逃至吴国。吴王将朱方（今江苏省丹徒县东南）封给庆封，庆氏宗族闻讯赶来相聚，自此，庆氏富于吴。所以荆轲乃是齐国的王室贵族之后，但是到了荆轲出生的年代，他已经沦落为没落的贵族公子了。到了燕国后，人们又称呼他荆卿，后人更愿意称他为荆轲，轲则是他的名字。卿在古代是对做官的人的称呼，也是长辈对于晚辈或是夫妻、兄弟朋友之间的亲密称呼，但在这里只是指人们对荆轲的一般称呼，有点类似于某某公子

的叫法。轲则是荆卿的名字,《说文解字》中解释"轲":"轲,接轴车也",就是指具有两木相接的车轴的车,后多见于人名,我国古代的儒家第二代代表人物孟子,其名就为"轲"。

荆轲从幼年开始就喜爱读书,并且擅长击剑,这是贵族公子应该具备的基本素质。先秦的古代贵族对于文化教育是十分重视的,从周代开始贵族子弟就要进入学校进行正规的学习,学习的内容为"六艺",《周礼·保氏》:"养国子以道,

乃教之六艺：一曰五礼，二曰六乐，三
曰五射，四曰五驭，五曰六书，六曰九数。"
就是要求贵族子弟要进行礼仪、音乐、
射箭技术、驾驭马车的能力、书写识字
和数学等方面的学习，以备将来治理国
家的需要。所以荆轲喜好读书，具有与
一般人不同的气质也是顺理成章的，他
的家世背景给了他最早的志向索引，他
的兴趣和才能也并不局限在读书和击剑。
荆轲的青少年时期便沉浸在书香中，并

且伴随着冷峭的剑光。当荆轲觉得自己
已经学成可以走出茅庐去社会上打拼的
时候，他曾经想凭借着剑术游说当时卫
国的君主——卫元君，可以看出荆轲属
于当时的士阶层，曾经荣耀的家庭历史
激励着荆轲对于人生价值的执著，没落
的贵族公子想像当时一般士人一样，通
过依附于某个君主，取得衣食俸禄，并
且实现自身济世的理想，甚至可以重振
家族的光辉。

　　士人是春秋战国时期形成的一个独

特的文化阶层，随着周王室的衰微，西周、春秋时代的礼乐制度逐渐崩溃，这就是孔子所说的"礼崩乐坏"，同时文化也开始下移，文化不再被统治阶级和贵族所垄断，普通百姓也开始享受到接受教育的权利、品尝文化知识的魅力和与之带来的利益，最典型的就是孔子广收门徒，开课讲学。这样在春秋战国时代接受过教育、掌握文化知识的人相对于前代逐渐增多，这些人包括没落的贵族、手工业者等。激烈的社会变革不但使得

有学识的人增多，而且也成为掌握文化
知识的人研究和讨论的对象，在这一时
期形成了好多的学派，出于对社会的责
任感和对人生的关怀，各个学派纷纷著
书立说，批评时弊，阐述政见，互相辩论，
形成了"百家争鸣"的局面。在贵族统
治者与平民百姓之间就逐渐形成了一个
新的阶层——士。这个不断壮大的新兴
士阶层和以往的士有很大的不同，既包
括武士又包括文士，并且有些人不但身
怀盖世的武功并且掌握文化知识，他们

的职责是习武、决斗，或是为主公出谋划策，游说他人，以自己一技之长来换取统治者的欢心，甚至不惜牺牲自己的生命。这些文采武略集于一身的人，往往被称为侠士或者侠客。战国时代，争霸和兼并战争更为剧烈，这时各国封君权贵的养士之风也很盛行。先秦的很多典籍《庄子》《战国策》等已有关于这类武士生平和故事的精彩记载，如《战国策·赵策》中有关于鲁仲连义不帝秦的

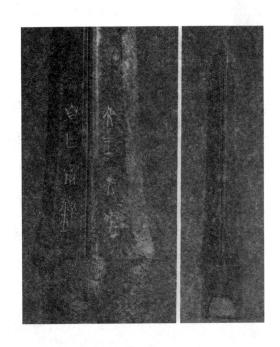

故事；《庄子·说剑篇》中也有"昔赵王喜剑，剑士夹门而客三千余人，日夜相击于前，死伤者百余人，好之不厌"的记载。同时，这些文士和武士思想独立，有自己的价值观和行为准则。孔子说："士不可以不弘毅，任重而道远。""士而怀居，不足以为士矣"。子张说："士见危致命，见得思义，祭思敬，丧思哀，其可已矣。"士以学和道德修养为己任，有远大的志向和抱负，以出仕作为自己的前途，仕则忠于职守。虽然荆轲的身世就已经为他踏入士人的阶层奠定了基础，在他的成长过程中，他也自觉把自己培养成为了一个标准的武士。他本身酷爱读书，擅长击剑，是一名典型的侠客。他在到达燕国之前就周游列国，结交王侯和有能力的人，并且早年在卫国的时候想要通过游说卫元君，得到重用以实现自己的人生价值和理想。最后燕太子丹给了他这个机会，他成为了太子的门客。他一生的所作所为正是那个时代中千千万万士人的典型的人生经历。

但是荆轲没有选好主人，他第一次游说以失败而告终，此时的卫国已经进入了很衰落的时期，卫元君都是靠着魏国确立起来的，而且卫元君也不是礼贤下士、致力于朝政的明君，卫元君没有把荆轲放在眼里，使得他第一次朝着理想迈进的脚步原地空踏。秦王政六年（公元前 241 年），秦国攻取了卫国的都城濮

阳（今河南濮阳西南），把濮阳作为秦东郡的治所，将卫元君的宗族迁至野王（今河南泌阳），从此成为了秦的附庸。荆轲开始了游侠的生活，读万卷书不如行万里路。在古代，没有像我们今天这样高度发达的信息技术，今天我们通过网络、音像等可以足不出户地了解外面的世界，坐在家中的电脑前就可以浏览几千公里以外的风土人情，与国外的朋友进行面对面的交流，但是在荆轲的时代想要了解外界的情况必须亲自走出家门，深入到那些未知的地方去。于是他离开书本的世界，漫游于中原辽阔的疆域之上，结交豪士，丰富自己人生阅历的同时也在寻求和等待着一展锋芒的时机。

在漫游的过程中，拜见名士和自己仰慕的

人也是一个重要的内容，而且荆轲的天性也是广交朋友。年轻气盛的荆轲，怀着极大的好奇心与挑战的心态，千里迢迢，慕名来到榆次县聂村（今山西境内），与盖聂谈论剑术。盖聂是战国末年著名的剑术家，因仰慕战国初的著名刺客聂政而得名。但是两位有着共同爱好的人并没有成为挚交，原因在于对于剑术和价值观念上存在着不同的看法，荆轲心怀济世的理想，并且想以剑术来作为实现理想的手段，认为剑术的功能更在于与人搏斗，这引起了盖聂的不满，盖聂

对荆轲怒目而视。既然话不投机，对于剑术的认识存在差异，便没有继续探讨的必要了，荆轲放浪形骸的性格促使他扬长而去，没有考虑到礼节和别人对他的看法。荆轲离开盖聂的厅室之后，在一旁倾听他们谈话的人劝盖聂说："荆轲不是平庸之辈，只因为你们的看法不同，你不应该对他怒目而视，再把荆轲请回来吧。"盖聂说："刚才我和他谈论剑术，他的言语里有不甚得当的地方，我是因此才用眼睛瞪他的。你的话是有道理的，我还是派人去找找他吧，但是我这么无礼地对待他，他会因为害怕而离开的，不敢再留在这里了。"随后盖聂派家人去请荆轲回来，被派去的人到荆轲住处时，房东告诉他，荆轲已乘车离开榆次了。家人回来报告此情，盖聂很惋惜地说："荆轲这个人，性情直率倒可取，但惜他心高气傲不谦虚。他本来就应该离开了，刚才因为我用眼睛瞪他，他害怕了。"荆轲真的是害怕了吗？还是胸怀宽广，不愿意与他人计较？从荆轲刺秦王时在秦王大殿上的表现来看，荆轲显然不是胆小之辈，在秦舞阳吓得脸白变色之时，荆轲还能灵活应对，可见荆轲是个胆量过人之人，不会因为一位剑客的怒目而逃

之夭夭的。但是作为一个在历史上真实存在过的有血有肉的人，他也像其他人一样不可能是十全十美的，在他以后的许多人生场景中，也暴露了他不够英雄的一面，这些共同反应了他性格上的某些弱点，促成了他最后的失败。

后来荆轲漫游到了今天河北省南端的邯郸，与一个叫鲁句践的人弈棋赌博，鲁句践这个人除了在《史记·刺客列传》里提到他和荆轲一起下棋之外，在其他的史料和文献当中很难找到关于他的记载，所以我们很难通过对他来进一步了解，加深他和荆轲关系的认识。但是他们在下棋的过程中，因为争执博局的路数而吵了起来，鲁句践

发怒呵斥荆轲，荆轲却默无声息地逃走了，和鲁句践不再相见。司马迁记述的荆轲这两次默默的离开，后人做过很多的猜测，其真正原因我们无法知道，就像他人生当中许多令人争议的地方一样，留给后人无限的遐想。

随后，荆轲来到燕国，遇上了他生命中第一个比较重要的人——他的人生知己高渐离，二人共同演绎了历史上"士为知己者死"的一段佳话。高渐离擅长击筑，筑是古代的一种击弦乐器，颈细

肩圆，中空，十三弦，正是高渐离的筑和他的歌声上演了易水送别的场面，为荆轲的人生添加了浓厚的悲壮意味。在燕国，荆轲很喜欢一个以宰狗为业的人，司马迁在《史记》中称这个人为狗屠。荆轲特别好饮酒，天天和那个狗屠及高渐离在燕市上喝酒，喝得似醉非醉以后，高渐离击筑，荆轲就和着拍节在街市上唱歌，相互娱乐，不一会儿又相互哭泣，身旁像没有人的样子。荆轲虽说混在酒徒中，但在他游历过的诸侯各国，都是与当地贤士豪杰德高望众的人相结交。

他在燕国时能够被燕国隐士田光所赏
识，田光便是他生命中第二位贵人，日
后把他举荐给了燕太子丹，这说明荆轲
并非平庸之辈，他只是想用酒和表面上
放浪形骸的潇洒来麻醉自己的痛苦和掩
饰生活给予他的无奈，把心中大志隐藏
起来，以待时机一鸣惊人。

　　以上这些便是荆轲在刺秦王之前我
们所了解到的他的生活，他表面上是一
个穿梭于各国之间，来去自如，潇洒不
羁的侠士，可以大碗喝酒、在街市上唱歌、
不顾他人非议我行我素，但是他的内心
还是复杂和苦闷的，他害怕自己永远被
埋没、永远混迹于市井当中，但是历史
最后还是给了他一次可以实现志向的机
会，他一直等待的那个时刻的到来。

二、易水畔，关乎
刺客的千古吟唱

"风萧萧兮易水寒，壮士一去兮不复还"，每每当人们想起荆轲，这个中国历史上最著名的刺客之一，这样略带伤怀却骨透豪迈的字句，就早早出现在意识当中，避无可避，虽趋俗套，但意境却再贴切不过。藉由此，我们甚至可以窥见这个千古绝唱般的刺客故事，一如所有被历史所铭记、被后人所传颂的曾经，在寒风瑟瑟的易水河畔，决然一身的背影。只是那时那地，谁曾想到，千百年后，这水、这风、这背影，都因为之后所上演的惊心动魄的刺杀秦王的大戏而成了亘古流传的唱词，辈辈传咏。

就像很多故事一样，都有一个源头，有的是人，有的是事，荆轲刺秦王的源头就是一个人——燕太子丹。燕太子丹作为刺秦王的幕后策划者，自身也是一个悲剧式的人物。他是燕最后一个君主喜的太子，历史上对于他的评价也都褒贬不一，但是更多人是怀着同情的眼光来看待他的。他想通过荆轲来挽救宗国的命运，完成自己的事业，但是却把荆轲和自身推向了一条不归之路。他作为一个政治家，虽然目光短浅、急功近利，但是也能够做到礼贤下士、心系祖国，更让人对他产生怜爱之心的还是他

的命运。在他被自己的父亲杀掉成为政治的牺牲品之后，他的门客为了纪念他，写了一部被今人看成是历史小说的《燕丹子》来记述他的生平事迹。这部《燕丹子》虽然已经失传了，但是史书和民间在讲述荆轲故事的同时，燕太子丹的生平也被流传下来。他少年为质，想要报仇，保护祖国，最后却落得被父亲杀害以博得敌人欢心的下场，这个人物极富悲剧色彩，同时千古流传的荆轲刺秦王的故事正从他这里开始。

春秋战国时期两个诸侯国进行了一场战争之后，战败的一方或是双方为了

和解往往把本国很重要的人送到另一国去做人质，这个角色往往就由太子来充当。这在那个战乱连年的时代本是很常见的事，但是到底谁是成王，谁是败寇，心情自然不同，荆轲在燕国的时候，燕国太子丹就在秦国做人质，但是过了不久，他逃回了燕国。燕丹子过去曾在赵国做人质，而秦王嬴政出生在赵国，他少年时和太子丹要好。等到嬴政被立为秦王，太子丹又到秦国做人质。小时候是要好的同窗，长大后却一个是万乘之尊，一个是阶下囚，巨大的地位落差本来就给太子丹造成了很大的心理伤害，再加上秦王对待燕太子十分不友好，少年时代的情谊早已荡然无存，所以太子丹因怨恨而逃归燕国。与此同时，燕太子丹也开始渐渐发现了秦王那不断膨胀的野心和征服欲。

眼看着秦国不断挑起战端，天天出兵山东，攻打齐、楚和三晋，蚕食着各国的版图，太子丹心中自然万分担忧。这样的情形，燕国被秦王的战火所覆灭也仅仅是时间问题了，可是以现在燕国逐渐衰弱的国力，连与其他普通的诸侯国较量尚且不足，根本谈不上靠自己的力量来抵御秦王的侵略。燕国国内被一片惊恐所笼罩。

心急如焚的太子丹只好请教他的老师鞫武："如今天下的形势，老师应该比我还了解的，秦王嬴政的野心已经是有目共睹了，他残暴的军队早晚要踏入燕

国的边境，我们要提早作出准备，不能坐以待毙啊，希望太傅能够想出一计良策以解除燕国和天下的祸患。"恩师鞠武毕竟是燕国的老臣，为人谨慎持重，他对于秦国的情况做了精辟的分析："秦国的领土如今已经遍及天下，直接威胁到韩国、魏国、赵国。它北面有甘泉、谷口坚固险要的地势，南面有泾河、渭水流域肥沃的土地，据有富饶的巴郡、汉中地区，右边有陇、蜀崇山峻岭为屏障，左边有肴山、函谷关做要塞，有很丰厚的物质基础和众多的人民，他们的士兵精壮、训练有素，武器装备在六国当中不但是最先进的，而且在数量上也是其他

诸侯不能相比的。如果它有意图向外扩张，那么长城以南、易水以北就没有安稳的地方了。诸侯对他唯避之而不及，为什么您还因为被欺侮的怨恨，要去触动秦王的逆鳞呢！"话虽然字字珠玑，但是太子丹的心已经完全被屈辱和仇恨占据，再加上如果不早早想出对策，面对燕国的就只有覆灭，太子丹没有听从老师的劝阻，依旧希望老师能想出与秦王抗衡的妙法。鞠武也许看到了太子丹内心的想法，知道分析和劝诫已经没有

意义，只是说："让我进一步考虑考虑吧。"

再说秦王，正在他实现自己一统大业的时候，却发现了一件对自己很不利的事——自己不是王位的合法继承人，对于野心勃勃的他来说，这个事实是必须要抹杀掉的。他为了保住自己的王位，大肆诛杀知道这件事情和与此事有关联的人，最后只剩下了大将樊於期。樊於期知道了秦王的意图，唯有逃命一法。

被秦王追杀的樊於期逃到了燕国，是太子丹接纳了他，并安排他在燕国落

脚。鞠武得知此事自然不免担心，前来
告诫太子丹"不能让樊於期留在您这里
啊。秦王本来就很残暴，对燕国一直就
怀恨在心，这两点就足以叫人担惊害怕了，
更何况他听到樊将军住在这里呢? 这叫做
'把肉放置在饿虎经过的小路上'啊，祸
患所积累的程度一定不可挽救! 即使有
管仲、晏婴这样有谋略的传奇人物，为
您出谋划策也无力回天了。希望您能赶
快送樊将军到匈奴去，以消除秦国攻打
我们的借口。并且您还要同其他诸侯进
行联系，向西与三晋结盟，向南联络齐、

楚，向北与单于和好，然后就可以想办法对付秦国了。"鞠武的话虽不假，但是他不知道，此时的太子丹早已经沉不住气，心中只想早早生事，对付嬴政，不管是出于自己的仇恨还是国难当头。他对鞠武说："老师的计划，需要的时间太长了，我的心里已经是非常忧闷烦乱，恐怕连片刻也等不及了。况且问题还不仅仅在这里，如今樊将军已是穷途末路，投奔于我，我总不能因为迫于强暴的秦国而抛弃我所同情的朋友，把他送到匈奴去。这应当是我拼命的时候了，希望老师能够为我再想出一条别的可以立竿见影的办法。"鞠武听了太子的想法后非常担心，说道："选择危险的行动想求得安全，制造祸患而祈求幸福，计谋浅薄而怨恨深重，为了结交一个新朋友，而不顾国家的大祸患，太子的做法就是所说的'积蓄仇怨而助祸患'了。燕国的情况对于强秦来说，就好比拿大雁的羽毛

放在炉炭上，一下子就会烧光。雕鹫一样凶猛的秦国，他要是对燕国发泄仇恨残暴的怒气，可怕的程度难道还用得着说吗！"

太子丹哪里肯听，再三请求鞠武，鞠武没有办法，告诉他"燕国有位田光先生，他这个人智谋深邃而勇敢沉着，你可以和他商量。"

找到了救命稻草的太子丹自然立即请鞠武前去寻访田先生，并请他相助。

国家有难，田先生自然拒绝不得，来拜访太子丹。

田先生登门的时候，太子丹急忙上去迎接，倒退着把田先生接进屋中，跪下来拂去椅子上的灰尘让田先生落座，将自己礼贤下士的一面全然显露，极力表现自己对田先生的无比尊重。田光坐稳，左右都退下了，太子离开自己的座位向田光请教说："燕国与秦国誓不两立，希望先生能尽量想个办法来解决这件

事。"田光说："我听说好马在年轻力壮的时候，一日可奔驰千里，等到它衰老了，就是劣等马也能跑到它的前边。如今太子光听说我盛壮之年的情景，却不知道我精力已经衰竭了。因此，我不能冒昧地谋划国事，以耽误国家的前途和您的命运，但是我的好朋友荆轲是可以承担这个使命的。"太子说："希望能通过先生和荆轲结交，可以吗？"田光说："遵命。"于是即刻起身，急忙出去了。太子送到门口，告诫说："我所讲的，先生所说的，是国家的大事，希望先生不要泄

露!"田光俯下身去笑着说:"是。"

话说田光这人也确是个隐士高人,自有一套行事妙法,他前去找荆轲,弯着腰,驼着背。"我和您彼此要好,燕国没有谁不知道,如今太子听说我盛壮之年时的情景,却不知道我的身体已力不从心了,我荣幸地听他教诲说:'燕国、秦国誓不两立,希望先生留意。'我私下和您不见外,已经把您推荐给太子,希望您前往宫中拜访太子。"

见荆轲答应,田光又说:"我听说,年长老成的人行事,不能让别人怀疑他。如今太子告诫我说:'所说的,是国家大事，希望先生不要泄露。'这是太子怀疑我。一个人行事却让别人怀疑他，他就不算是有节操、讲义气的人。所以我只得用自杀的方式来让太子丹相信。"其实，田光这样说，是想用死来激励荆轲，"见到太子，就说田光已经死了，以此表明我没有把国家大事泄漏出去。"因此就刎颈自杀了。通过这层层的举荐，太子丹知道了荆轲，并且把希望寄于这个想要证实自己价值的勇士，于是荆轲得到了

他人生中第一个并且也是最重要的机会。现在我们看来这个机会像是历史同他开的一个玩笑，太子丹的愁苦心情、田光的死、樊於期的献身，使得最后的易水之行一开始就带着浓重的悲剧气氛，荆轲最后倚在柱子上死去的时候是否对自己的命运有一些悔悟呢？但是这些也是后话了。

于是，荆轲前去拜会太子丹，告诉他田光已死，转达了田光的临终之言。太

子丹十分心痛，拜了两拜，这是春秋战国时期最大的礼数，并且双腿跪行，痛哭流涕，过了一会儿才说道："我所以告诫田先生不要讲，是想使大事的谋划得以成功。如今田先生用死来表明他不会说出去，这哪里是我的本意啊！"

荆轲坐定，太子丹离开座位以头叩地说："田先生不知我是个无能的人，让您来到我面前，愿您有所指教。这真是上天可怜燕国，不抛弃他的后代。如今秦国贪得无厌，野心十足，如果不把天下的土地全部占为己有，不使各诸侯全部成为自己的臣下，他是不会满足的。如今秦国已俘虏了韩王，占领了他的全部领土。他又出动军队向南攻打楚国，向北逼近赵国。王翦率领几十万大军抵达漳水、邺县一带，而李信出兵太原、云中。赵国抵挡不住秦军，一定会向秦国臣服;赵国臣服，那么灾祸就降临到燕国。燕国弱小，多次被战争所困扰，如今就

算征发全国的力量也不可能抵挡住秦军。诸侯都畏服秦国，没有谁敢提倡合纵策政和燕国联合，我们不能就这样坐以待毙。"

太子丹说这话的时节，嬴政已经做了二十年的皇帝，他的将军王翦衔命随时会饮马易水，而此时的燕国已是没有了燕昭王，没有了郭隗、乐毅、邹衍和剧辛四贤的燕国，早已失去了往日的辉煌和实力，所以太子丹心中明白，要想抗衡，唯一将矛头直指嬴政一人，唯有刺杀一

路可走。于是太子丹决定铤而走险，对
荆轲说出了刺杀的计划：“我私下里考虑
了一个不成熟的计策，曹沫是春秋时代
的鲁国人，以力大勇敢著称。鲁庄公对
他很欣赏，任命他为将军，同齐国作战。
但是多次交战都失败了，鲁庄公心生胆
怯，赶紧商议割地求和。但是并未责怪
曹沫，仍用他为将。齐桓公答应和鲁庄
公在柯地会见，订立盟约。正当鲁庄公
与齐桓公即将达成屈辱协议之时，曹沫

手执匕首冲上前去，劫持了齐桓公。桓公左右恐伤到主公，不敢轻举妄动。桓公问："你想怎样？"曹沫回答说："齐强鲁弱，您恃强凌弱太过分了。如今鲁国都城一倒塌就会压到齐国的边境了，大王您认为该怎么办呢？"齐桓公被迫答应尽数归还侵夺鲁国的土地。得到承诺后，曹沫扔下匕首重新站在群臣之中，面不改色，辞令如故。桓公恼羞成怒，想毁约食言，管仲说："不可以。贪图小的利益用来求得一时的快意，就会在诸侯面前丧失信用，失去天下人对您的支持，不如归还他们的失地。"在管仲的劝阻下，齐桓公归还了所占领的鲁国的土地。于是，不费吹灰之力，曹沫多次战败所失的土地又都被全数归还。曹沫以其忠诚勇气和不烂之舌，既要回了土地，又保全了性命，可谓绩效显著。如果能够找到一个全天下最勇猛的人，将他派往秦国，由他用重利诱惑秦王，秦王贪得无厌，

一定能够让他进见，到时候如果这位勇士能够劫持秦王，逼迫秦王让他全部归还侵占各国的土地。如果能做到像曹沫劫持齐桓公那样，那就太好了；如秦王不肯妥协，就趁势杀死他。他们秦国的大将在国外独揽兵权，而国内出了乱子，那么君臣就会彼此猜疑，趁此机会，东方各国就能够联合起来，各国合力一定能够打败秦国。这是我最高的愿望，却不知道把这个伟大而又十分危险的使命委托给谁，如今上天把您荆轲派到我的面前，让我看到了希望，我觉得您是能够担当起大任的勇士，希望荆轲您能够仔细地考虑这件事。"

听了燕太子道出了心中所愿，荆轲沉默了好一会儿才做回答，说："这是国家的大事，而且此事的成败所关系到的后果非同小可，我的才能低劣，恐怕不能胜任。"太子的情绪很激

动，听到荆轲拒绝的言辞，上前伏在地
上，并且向荆轲叩头，坚决请求不要推脱，
最后荆轲便同意了。当时太子就尊奉荆
轲为上卿，卿是当时的一种官职，分为上、
中、下三等，上卿便是诸侯之下最高的
官职，相当于后来所说的宰相，并且安
排荆轲住进燕国当时最上等的馆舍，可
能相当于现在的五星级国家宾馆，可见
燕太子对于荆轲的重视和对此项行刺计
划寄予了很大的希望。此后，太子天天

到荆轲的住所进行拜望，不但供给精美贵重的饮食，时不时地还献上奇珍异宝，车马美女也任荆轲随心所欲地享用，太子这些做法都是为了满足荆轲的心意。

过了很长一段时间，荆轲都没有要开始行动的表示。荆轲并不是贪恋物质的享受，只是他在等待时机。此时，秦将王翦已经攻破赵国的都城，俘虏了赵王，把赵国的领土全部纳入秦国的版图。秦军又挥师向北挺进，夺取了大片土

地，一直挺进到燕国南部边界。大兵压境，燕国危在旦夕，太子丹心中十分恐慌，于是请求荆轲说："秦国军队早晚之间就要横渡易水，到那时即使我想要长久地侍奉您，可能也办不到了。"荆轲回答道："太子就是不说，我也要请求行动了。但是如果现在到秦国去，我没有带给秦王能够让他信服我的东西，我是不能够接近到秦王的，那样我们的计划也不能实现。我听说樊将军如今在您这里，秦王悬赏黄金千两、封邑万户来购买他的脑袋。如果能得到樊将军的人头和燕国督亢的地图，献给秦王，秦王一定会非常乐意接见我，这样我才能够有机会报效您。"太子很为难地说："樊将军走投无路才来投奔我，我不忍心因为自己的私利而伤害了这位忠厚老实的长者的心，希望您能考虑别的办法。"荆轲明白太子不忍心，但是为了大局就只好让部分人作出牺牲，更何况这也可能是樊於期的一条复仇之路，他于是就背着太子会见樊於期，向他说明情况和复仇计划。"秦国对待将军可以说是太残酷了，您没有

做错任何事情，只因为秦王的一己私利就把您逼到今天这种境地，残暴地杀害您的父母、家族的人。如今我听说秦王还用黄金千两、封邑万户，购买将军的首级，您打算怎么办呢？"荆轲先从樊於期的利益出发对他进行诱导，可见荆轲不但是位武士，还长于辞令。荆轲的话正说中了樊於期心中的痛楚，他仰望苍天，叹息流泪地说："我每每想到这些，就痛入骨髓，考虑再三，但是却找不到任何出路能够让我报仇。"荆轲说："现

在有一个计策不但可以解除燕国的祸患，还能洗雪将军的仇恨。"樊於期凑向前说："您究竟想怎么办？但说无妨。"荆轲说："希望得到将军的首级，我把您的首级献给秦王，秦王一定会非常高兴地召见我，我左手抓住他的衣袖，右手用匕首直刺他的胸膛，那么将军的仇恨可以洗雪，而燕国被欺凌的耻辱也可以涤除了，将军是否有这个心意呢？"樊於期听了荆轲的计策很激动，他脱掉一边衣袖，露出臂膀，一只手紧紧握住另一只手腕，走近荆轲说："这是我日日夜夜切齿碎心的仇恨，今天才听到您的指引，就让我献身来帮助您实现这个计划吧。"于是就自刎了。太子听到这个消息，驾车奔驰前往，趴在樊於期的尸体上痛哭，极其悲哀。事情既然已经没法挽回，只好踏着献身人的鲜血上路，于是就把樊於期的首级装到匣子里密封起来，准备派上用处。

俗话说，工欲善其事，必先利其器，关于荆轲刺秦王用的匕首有很多的传说。当时太子已预先派人寻找天下最锋利的

匕首，最后选用了赵国人徐夫人的匕首。这个徐夫人是战国时的铸剑名家，姓徐，名夫人，是个堂堂的男子汉，太子花了百金买下他的匕首，让工匠用毒水淬它，用人试验，只要见一丝儿血，那人就会立刻死去。于是就准备行装，送荆轲出发。燕国有位勇士叫秦舞阳，13岁时就杀过人，别人都不敢正面对着看他。太子让这个秦舞阳做荆轲的助手。但是荆轲此时正等待一个人，打算同这个神秘的朋友一道出发，那个人住得很远，还没赶到，而荆轲已替那个人准备好了行装。又过了些日子，荆轲还没有出发，太子认为荆轲是在拖延时间，怀疑他反悔，就再次催请说："日子不多了，荆卿有动身的打算吗? 请允许我派遣秦舞阳先行。"荆轲听了这话很生气，他知道自己的迟迟不动身已经引起了太子的怀疑，同时也为太子的心浮气躁感到失望，于是斥责太子说 : "太子这样派遣是什么意思? 只顾着急去执行任务而不顾是否能完成使命回来，这种急于行事的做法是没出息的小子的行为! 况且是拿着一把匕首进入难以测度的强暴的秦国。我所以暂留的

原因，是等待另一位朋友同去，以确保计划能够顺利完成，眼下太子认为我拖延了时间，那就告辞诀别吧！"于是就出发了。

公元前 227 年，荆轲从燕国出发到咸阳，经过了一系列的准备和筹划，荆轲终于动身了。太子和他的宾客中知道这件事的人都明白荆轲此行即使完成了使命也可能要以献身而告终，大家都穿着白衣，戴着白帽给他送行。到达易水（易水源出河北省易县，是当时燕国的南界）的边上，举行过拜祭路神的礼节，就要上路了。

高渐离敲着筑，荆轲和着节拍唱起歌来，歌声凄厉悲怆，众宾客听了都流下眼泪，暗暗地抽泣。荆轲又上前作歌唱道："风萧萧兮易水寒，壮士一去兮不复还！"这便是流传千古成为著名典故的易水歌。荆轲明白自己永远不会回来了，却还是毅然成行，他这种慷慨赴死的精神让易水送别的场面更加悲壮。接着高渐离又奏出悲壮激昂的羽声，众宾客听得虎目圆瞪，怒发冲冠。荆轲登上马车飞驰而去，

始终不曾回头看一眼。

一行人到达秦国后，荆轲先拿着价值千金的玉帛等礼物，赠送给秦王的宠臣中庶子蒙嘉。蒙嘉替他事先向秦王进言，说："燕王确实非常惧怕大王的威势，不敢出兵来抗拒，愿意全国上下都做秦国的臣民，排在诸侯的行列里，燕国愿意同别的诸侯一起尊秦王为天子，像秦国的郡县那样贡纳赋税，只求能够奉守

祖先的宗庙。他们诚惶诚恐，不敢自己来陈述，恭谨地砍下樊於期的头颅用盒子封好，并献上燕国督亢一带的地图，燕王在朝廷上行跪拜大礼送出来，派使者来禀告大王。一切听凭大王吩咐。"这一番话的意思很明确，就是燕国甘愿做秦王的奴隶了，秦王听了蒙嘉的话自然非常高兴。于是穿上了上朝的礼服，安排下隆重的九宾大礼仪式，在咸阳宫接见燕国的使者。"九宾之礼"为古代宾礼中最隆重的礼仪，主国有九个迎宾赞礼的官员延迎上殿。《廉颇蔺相如列传》："今大王亦宜斋戒五日，设九宾于廷。"荆轲和燕太子对于秦王的揣测还是十分正确的，丰厚的礼物和樊於期的人头赢得了秦王的信任和欢心。

朝见的仪式开始了。荆轲捧着装了樊於期头颅的盒子，秦舞阳捧着督亢的地图，按着次序一步步走上秦国朝堂的台阶。到达了正殿的台阶之下，秦舞阳

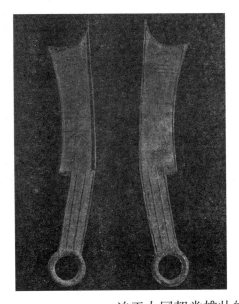

迫于大国朝堂雄壮的气象，和秦王以及群臣在宫殿上表现出的威严气势，不由得害怕得发起抖来。秦王政左右的侍卫一见，吆喝了一声，说："使者为什么变了脸色？"荆轲回头一瞧，果然见秦舞阳的脸又青又白，就对他笑了笑，上前替他向秦王谢罪说："北方蛮夷地区的粗鄙人，没有拜见过天子，所以害怕，希望大王原谅他，让他在大王的面前完成他的使命。"秦王政毕竟有点怀疑，对荆轲说："叫他把地图给你，你一个人上来

吧。"荆轲从秦舞阳手里接过地图，捧着
木匣上去，献给秦王政。秦王政打开木匣，
果然是樊於期的头颅，秦王的心里不免
十分得意，又命令荆轲拿地图来。荆轲
把一卷地图慢慢打开，到地图全都打开
时，荆轲预先卷在地图里的匕首就露了
出来。这便是"图穷匕现"这个成语的来
源。秦王政一见，惊得跳了起来。荆轲
连忙抓起匕首，左手拉住秦王政的袖子，
右手把匕首向秦王政胸口直扎过去。秦

王政使劲地向后一转身，把那只袖子挣断了。他跳过旁边的屏风，刚要往外跑。荆轲拿着匕首追了上来，秦王一见跑不了，就绕着朝堂上的大铜柱子跑。荆轲紧紧地逼着，两个人像走马灯似地直转悠。阶下的群臣也慌了手脚，事情突然发生，意料不到，大家都失去了常态，各个吓得六神无主，在大臣的提醒下秦王才记得拔剑出鞘，但是剑身太长，秦王心里又急又怕，佩剑一时卡在剑鞘里没能拔出来。旁边虽然有许多官员，但是都手

无寸铁，按照秦国的法律，臣子们侍立
在殿上时，不能携带任何兵器；那些宫
廷侍卫握着武器，都排列在宫殿的台阶
下面，没有君王的命令不能上殿。当危
急的时候，来不及召唤阶下的侍卫，所
以荆轲追逐秦王，大家仓促间惊慌失措，
没有武器用来击杀荆轲，仅仅用空手一
起同荆轲搏斗。这时，秦王的随从医官
夏无且，急中生智，拿起手里的药袋对
准荆轲扔了过去，荆轲用手一扬，那只

药袋就飞到一边去了。秦王还在绕着柱子跑，完全失去了作为春秋战国时期霸主的气概和才略。侍臣们提醒他说："大王把剑背到背上！大王把剑背到背上！"秦王于是把剑甩到背后得以拔出剑用来攻击，就在这一眨眼的工夫，秦王政往前一步，拔出宝剑，砍断了荆轲的左腿。荆轲站立不住，倒在地上。他拿匕首直向秦王政扔过去，秦王政往右边一闪，那把匕首就从他耳边飞过去了，打在铜柱子上，"嘣"的一声，直迸火星儿。这最后孤注一掷的投击，却中了柱子，最后一线希望也破灭了。秦王政见荆轲手里没有武器，又上前向荆轲砍了几剑。荆轲身上受了八处剑伤，自己知道已经失败，靠着柱子笑着，像撮箕一样地张开两腿坐在地上，骂道："事情之所以没有成功，是想活生生地劫持你，得到归还侵占土地的凭证去回报太子。"这时候，侍从的武士已经一起赶上殿来，顷刻间结果了荆轲的性命。台阶下的那个秦舞阳，也早就给武士们杀了。

　　嬴政从惊吓中恢复过来之后，心中顿时冒出愤怒的火焰，一个小小的燕国竟然骗取了我的信任，用燕国富庶的土地和樊於期的人头做幌子来行刺本王，根本不把秦国的实力和我的威势放在眼里，这对于我完全是一种侮辱。于是秦王在愤怒之下加快了吞并的步伐，增派军队赶往赵国旧地，命令大将王翦带领军队讨伐燕国。王翦的部队在易水西大破燕军的主力，秦王政二十一年（公元

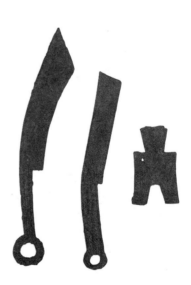

前226年）十月攻陷燕都蓟城，得胜而归。燕王喜、太子丹等率领精锐部队退守辽东。秦将李信紧追燕王不舍，燕王十分着急，惊恐之下不知如何是好。代王嘉致信燕王喜说道："秦军之所以追得这么紧，是想得到太子丹。如果大王能主动杀掉太子丹献给秦王，以表明您的心迹，摆脱掉派荆轲刺杀秦王的责任，燕国就能保住。"软弱的燕王喜在无奈之下，不顾父子和君臣的情意，采用了这个牺牲血亲的办法。太子丹得到消息逃到了衍水（今辽宁省的太子河），燕王的武士逮到了太子并残忍地斩下了丹的头颅。燕

王喜将太子的头献给了秦王，但是李信、王贲并没有停止进攻。秦王政二十五年（公元前222年），李信随秦将王贲攻取辽东，俘燕王喜，燕国作为诸侯国的历史从此结束了。

最后秦国横扫六国，以绝对的优势统一了中原，建立了空前强大的封建制中央集权国家，成为秦始皇。他心胸狭窄和残暴的性格进一步暴露出来，他没有忘记太子丹和荆轲给他带来的惊吓和侮辱，下诏通缉太子丹和荆轲的门客，昔日的门客和追随荆轲刺秦王的武士们纷

纷潜逃了。荆轲的知己高渐离更名改姓
给人家当酒保，隐藏在宋子城里做工。
时光在苦闷和抑郁当中渐渐消逝，对于
好友荆轲的怀念和对自己的失望常常折
磨着高渐离本来就已经很脆弱的心，有
一天他听到主人家堂上有客人击筑，悄
悄地躲在门口听，走来走去舍不得离开。
常常张口就评价说："那筑的声调有好
的地方，也有不甚精当的地方。"侍候的
人把高渐离的话告诉主人，说："那个

庸工懂得音乐，私下说是道非的。"家主人叫高渐离到堂前击筑，满座宾客都被他奏出的优美旋律吸引住了，赏给他酒喝。高渐离考虑到长久地隐姓埋名，担惊受怕地躲藏下去没有尽头，便退下堂来，把自己的筑和衣裳从行装匣子里拿出来，改装整容来到堂前，满座宾客大吃一惊，离开座位用平等的礼节接待他，尊为上宾。请他击筑唱歌，宾客们听了，没有不被感动得流着泪而离去的。宋子城里的人轮流请他去做客，这消息传到

了皇宫。秦始皇召令进见，有认识他的人，就介绍说："这是高渐离。"秦始皇怜惜他擅长击筑，特别赦免了他的死罪。于是薰瞎了他的眼睛，让他成为宫廷的乐师，并且常常赞赏他的音乐才能。渐渐地他在宫中的活动自由起来，更加接近秦始皇。于是高渐离觉得为荆轲报仇的时机到了，便把铅放进筑中，当他再次为秦始皇演奏的时候，举筑撞击秦始皇，但是他没有击中。秦始皇大为惊恐，高渐离被斩杀了，但是秦始皇被他的义节所感动，并且终身不敢再接近从前东方六国的人了，这是荆轲刺秦王的后话了。

三、大时代，无法
预测的风云变幻

如果荆轲刺秦王的故事仅仅在于表现一个可怜的太子想要复仇和一位勇士想要报答知遇之恩，也就不会产生如此之大的影响了。其实荆轲和太子丹的事迹正反映了那个时代的特征，从这个故事当中我们不仅能看出春秋战国时期的形势和风貌，还可以了解到各个阶层人们的心态和对天下即将统一及秦帝国的看法。春秋战国时期是我国历史上一个非常重要的时期，虽然征战不断，但是在这样一个弥散着战火硝烟和血腥味的时代，却涌现出众多对后代产生着巨大影响的传奇人物。他们中有政治家，为后世确立了治国的方法，如秦始皇确立的中央集权制度延续了两千多年，商鞅的变法开启了我国法治的时代；有军事家，如孙膑写下了传奇的战争策略；有思想家，如孔子和老子，为我们创立和营造了中国人至今还赖以生存的精神家园和文化价值观念；有文学家，屈原是

我国历史上第一个浪漫主义诗人，并且留下了瑰丽奇幻的诗篇……于是我们对这个充满着惊奇和残酷的时代怀着极大的兴趣，后人不断讲述着这个时期的历史，甚至将这个时代的人物神化。

说到春秋与战国的历史，离不开称霸在中原广大范围内的诸侯国，什么是诸侯国呢？这还要从周王朝统一天下开始讲起。商朝末年在昏庸残暴的纣王统治下，政治已经极度昏暗，周武王姬发继承父亲遗志于公元前11世纪消灭殷

商王朝，夺取了全国的政权，建立了周王朝，形成了一个疆域更加广阔的新的统一的国家。周武王是我国历史上著名的贤君，他不仅表现出卓越的军事才能，而且也是远见卓识的政治家。周武王建周后，为了巩固自己的统治，就把土地连同人民，分别授予王族、功臣和贵族，让他们建立自己的领地，如将吕尚封于齐，周公旦封于鲁，召公奭封于燕，叔鲜封于管，叔度封于蔡。据说，周初总计分封了七十一个诸侯国，其中兄弟之国十五个，同姓之国四十余个。封邦建国的目的是加强对各地的统治，并作为周王室的屏藩。诸侯再在自己的封地里分封卿大夫，卿大夫又在自己的封地里分封士，这样自上而下统治人民，保卫王室。这就是有名的"封建制"，但是这个封建制可不同于后来的以农民和地主对立为基础的封建制社会，它在周代是"分封以建国"的意思。封国的面积大小不一，周天子根据封国国君的爵位高低，功劳大小和与王室的亲疏程度来决定赐予土地和人民的多少。封国国君的爵位也有高低，如春秋时分为公、侯、伯、子、男五等爵。这些封国的国君就叫做"诸侯"，他们的领地就叫做"诸侯国"。诸侯们必须服从周王室的统治，按期向天子纳贡，并随同天子作战，保卫王室。这些诸侯国在地理位置上围绕着京畿排开，相对于外族起着屏障的作用。《吕氏

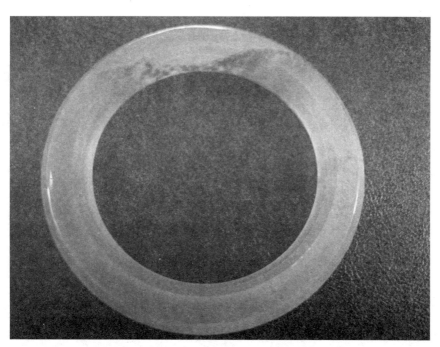

春秋·观世》谓"周之所封四百余，服国八百余"；《荀子·儒效》谓"周公兼制天下，立七十一国，姬姓独居五十三人"；《左传》昭公二十八年谓西周分封"兄弟之国十有五人，姬姓之国者四十人"。可见，当时周天子封的诸侯之多，而且大部分是皇室成员。当时比较大的诸侯国有鲁、齐、燕、魏、楚等。"烽火戏诸侯""挟天子以令诸侯"这些有名的故事就都和诸侯有关，在西周他们是很强大的一股

政治势力，并且到了东周时期，这些诸侯即将成为历史的主角。

公元前 9 世纪，周厉王任用荣夷公为卿士，实行专利政策，又命令卫巫监谤，禁止国人谈论国事，违者杀戮。当时国人有参与议论国事的权利，甚至对国君废立、贵族争端仲裁等有相当权利，同时有服役和纳军赋的义务。国人在高压政策下，"道路以目"，不但不敢对君主和国事妄加评论，而且干脆不说话了，熟人在路上碰见，用眼神交流。召公虎

规谏厉王防口甚于防川，但是监谤更加严重了，国人忍无可忍，于公元前841年，举行暴动，攻入王宫，国王仓皇逃奔彘，公元前828年，国王死于彘。这就是历史上著名的"国人暴动"。宗周无主，朝政由周定公、召穆公共同执掌，史称"周召共和"或"共和行动"。从这以后周王室的实力开始衰微，诸侯各国原来一直服从周王，但是暴动以后代表中央政权的周王室对诸侯的控制力逐渐变弱。

公元前 770 年，因为内乱和少数民族犬戎的入侵，周平王被迫将国都从镐京（今西安市）迁至洛邑。因洛邑就是现在的洛阳，在镐京之东，此后的周朝史称东周，即从公元前 770 年到公元前 221 年。东周的前半期通常被人们称为春秋时期，能有此浪漫富于文学色彩的名称是因为在古代一年一般只分春与秋两季，《诗经·王风·采葛》中的诗句"一日不见，如三秋兮"说的就是这个意思，所以春秋的字面意思就是指时间。中国

儒家文化的创始人孔子在这个时期编定了一部记载当时鲁国历史的史书，名叫《春秋》，而这部史书中记载的时间跨度与构成一个历史阶段的春秋时代大体相当，所以后人就将这一历史阶段称为春秋时期，指的是从公元前770年到公元前476年，从此春秋而得名。

东周一开始，周王朝就走了下坡路，王室衰微，大权旁落，诸侯国迅速崛起，之间互相征伐，战争频仍。周朝所建立起来的社会秩序分崩离析，原来的礼乐

制度遭到严重的冲击和破坏，出现了许多僭越的行为，如孔子在《论语·八佾》篇中讲到"八佾舞于庭，是可忍孰不可忍"，季氏是春秋末期鲁国的新兴地主阶级贵族，也称季孙氏。当时，鲁国季、孟、叔三家，世代为卿，权重势大；尤其是季氏，好几代都操纵着政权，国君实际上已在他们的控制之下。鲁昭公曾被他们打败，逃往齐国，鲁哀公也被他们打得逃往卫国、邹国和越国；到鲁悼公，更几乎只挂个国君的空名了。他们不仅不把国君放在眼里，甚至自比天子，以

当时宫廷的舞乐队来说，按制度是：天子八佾（八人为一行，叫一佾，八佾是八八六十四人），诸侯六佾（四十八人），卿、大夫四佾（三十二人）。可是季氏却故意打破老规矩，偏要设置六十四人的大型舞乐队。孔子是站在维护奴隶制的立场，反对新兴地主阶级的，这里反映的便是一种对天子的僭越行为，可见此时诸侯国势力的强大，根本不把周王室放在眼里。

据史书记载，春秋二百四十二年间，有四十三名君主被臣下或敌国杀，五十二个诸侯国被灭，有大小战事四百八十多起，诸侯的朝聘和盟会四百五十余次。小的诸侯国纷纷被吞并，强大的诸侯国在局部地区实现了统一。而实力最强的诸侯国就可以称霸，先后出现过齐桓公、晋文公、楚庄王、吴王阖闾、越王勾践五个霸主，史称"春秋五霸"。然而在春秋中期，出现了一个比较和平的时期，原因是各国都被战争搞得十分疲惫，需要休整，于是通过公元前546年由十四国参加的第二次"弭兵之会"达成协议，

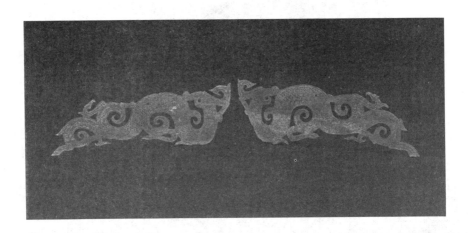

战火暂时得以平息。可是，这期间在长江流域，吴、楚、越三国之间却多次爆发霸权之争。春秋时代的中后期，随着牛耕的普及和铁制农具的应用，经济有了迅速发展，出现了私田的开发和井田制的瓦解这一深刻的社会变化。在一些诸侯国的内部，贵族势力强大起来，开始向国君争夺权力。公元前453年晋国出现了韩、赵、魏三家大户，将晋国进行了瓜分，自己分别建立了国家，就是

著名的"三家分晋"。于是，七雄并立，
互相争霸的时代逐步到来，由春秋时期
走向了战国时期。

西汉末年的刘向，将有关这段历史
的各种资料编成一本书，取名《战国策》，
从此，这一历史阶段称为战国时期。战
国时期，除了七雄之外，还有一个越国
也是较为强大的国家，各方面的实力上
仅次于七雄。小国有东周、宋、卫、中
山、鲁、滕、邹等，另外还有不少少数

民族分布在四周。战国前期，是"七雄"的形成时期，各国将精力用在内部整理上。各国君主招贤才能，励精图治，像李悝、吴起、商鞅等人的变法维新就发生在这时期。战国中期，大战拉开帷幕，经过了很长时间的准备，各个诸侯国都储备了一定的资本，可以进行大规模的领土扩张和对人民的掠夺，以增加本国的实力，更好地与华夏大地上其他的诸侯国进行对峙。此时真是"国无宁日，岁无宁日""邦无定交，土无定主"的混战局面。这些战争被后来的学者们称为"春秋无义战"，因为战争的发动并没有站在一个仁义的立场上，各个国家为保持自己的生存和扩大国土的势力，君主们都相继称王，独霸一方。一方面加强中央集权式的统治，改革图强，加强军备；另一方面，在外交上频频争取别国的"合纵""连横"。齐国和秦国东西对峙，展开了争取其他诸侯国、孤立对方的斗争，而韩、魏、赵、楚、燕等国，则在联秦

抗齐和联齐抗秦中摇摆。这时，出现了两个著名的政治家——张仪和苏秦，他们分别连横（分化六国）和合纵（联合抗秦）。

战国后期，周赧王三十七年（公元前278年），秦国大将白起进攻南方的大国楚，攻破了都城郢，揭开了秦国统一战争的序幕。楚国避秦军威势，迁都于陈，爱国诗人屈原就在这时痛感国家沦亡，怀抱大石投汨罗江自尽。屈原也是我国历史上著名的悲情人物，他的个人愿望和理想也是与历史的发展相背离，他的举动和荆轲一样其实是对历史的抗争，只不过采取的方式不同，他的做法是怀石投江消极抵抗，荆轲选择的是积极用事。公元前271年，客卿范雎向秦昭王献"远交近攻"之策，就是与远方国家结盟，集中力量先打败邻近的国家，再逐步兼并其他各国。秦昭王采纳范雎之策，于周赧王五十年（公元前265年）

出兵伐韩，封闭上党郡与韩都城新政（上党和新政都在今天的山西省境内）的联系，虽迫使韩国将上党献给秦，然而上党郡却转而依附赵国，秦王大为震怒，秦赵开战，赵派老将廉颇率军驻守长平。

周赧王五十四年（公元前260年），秦派大将王龁夺取上党，与廉颇军在长平对峙。廉颇加固壁垒，以守为攻，打破了秦兵速战速决的计划，双方僵持达四月之久。秦用反间计，使赵国以年轻气盛且只会纸上谈兵的赵括代替廉颇为长平赵军统帅。秦国同时秘密地换来大

将白起。赵括一到前线就主动出击，白起派出奇兵分割赵军，并将赵括包围起来。赵军被围，断粮四十六天，杀人为食，军心大乱。赵括冒险突围，当场丧命，全军大败。白起将赵军降卒全部活埋，赵军前后共损失四十多万。长平之战是秦国与他在中原最后一个强手的决战，也是战国最为惨烈的一次战争。至此，东方六国都已不再是秦国的对手。

长平之战前，东方出现了著名的战国四公子，即齐国孟尝君田文、赵国平原君赵胜、魏国信陵君魏无忌、楚国春申君黄歇。他们礼贤下士，广招宾客，关心国事，谋取权势，采取各种手段对付秦国的入侵和挽救本国的灭亡。长平之战后，秦军乘势包围赵都邯郸。秦军的残杀，激起了赵人的义愤和别国的恐惧，在危急存亡面前，楚春申君、魏信陵君率军与赵军内外夹攻，大败秦军，秦国因在长平之战损失严重亦自感力量不足遂撤兵。就在这段时期里，发生了荆轲刺秦王的故事。然而，历史的大潮已无法扭转，六国终于未能摆脱亡国的命运。

四、功败垂成，
　　难明悲喜人生

郭沫若先生曾在他的作品中说道："战国时代，整个是一个悲剧的时代。"在这种大的时代背景中，荆轲刺秦王这一历史事件，因燕太子丹和荆轲为了国家和理想而努力奋斗甚至不惜献身的精神，显示着人们对于自身生存权的追求而具有深刻的悲剧性。荆轲这个人物也因其蕴含的悲剧意识而不断为世人进行再塑造、欣赏、解读和评价，从司马迁的《史记·刺客列传》开始，继而被载入

《战国策》《史通》《十六国春秋》等史册。汉魏以降，荆轲形象也不断受到文人的关注、探索和再创作，频频出现在《燕丹子》《烈士传》《金缕子》《东周列国志》等小说故事以及诗文曲赋、戏剧等各种体裁的文学作品中，尤其在侠义小说和咏侠诗中占有重要位置。从汉魏至明，与荆轲形象有关的文人诗词有八十余首，其中，陶渊明、柳宗元、苏轼等直接以荆轲为题的诗词作品有二十余首。

此外还有元代刘因的《吊荆轲文》、明代
文洪的《易水吊荆轲赋》等长文。在清
代，荆轲形象则多在戏剧中出现，这一
时期以荆轲为原型的戏剧主要有茅维的
《秦廷筑》、徐沁的《易水歌》、程琦的
《荆轲记》以及作者不详的《督亢图》等。
直到今天，荆轲形象仍高频率地活跃在
包括影视作品在内的各种体裁的文艺作
品中。

　　这些对荆轲形象的再创造和理解，
构成了一部荆轲形象接受史。然而由于
人们对荆轲始终怀着同情和崇敬的心

情，偏重于审美理解和情感把握，并融入再创造的因素，使得荆轲形象渐渐脱离了历史范畴，同时对于《史记·刺客列传》文本解读的时候也都倾向于把荆轲侠客的形象完美化，结果最终把荆轲本人及其生平的故事变成了纯文学的接受。后代的诸多诗人就把荆轲视为反抗暴虐、扶危济困的英雄来歌颂，如陶渊明《咏荆轲》曾赞美其"雄发指危冠，猛气冲长缨""其人虽已没，千载有余情"；元代诗人善住《谷响集》中的《荆

轲》："壮气干牛斗，孤怀凛雪霜。只知酬太子，不道负田光。易水悲歌歇，秦庭侠骨香。千金求匕首，身后竟茫茫。"

荆轲刺秦王未遂的历史事件，千百年来都为文人们深感遗憾，无数的诗词文赋都是以暴君来形容秦王，而肯定荆轲的英雄行为和侠义精神。虽然荆轲这个历史人物在人们的心中一直是一位带着悲壮色彩的机智勇敢、深沉刚毅、勇于牺牲的侠士，但是研究历史的学者和

文学家历来对他褒贬不一。对荆轲的评价可谓仁者见仁，智者见智。北宋苏洵恭议荆轲之行曰："始速祸焉。"南宋鲍彪为《战国策》作注说："轲不足道也。"朱熹更认为"轲匹夫之勇，其事无足言"。肯定荆轲的人则更多，首位是司马迁，《史记·刺客列传》结尾云："其立意皎然，不欺其志，名垂后世，岂妄也哉！"左思的《咏荆轲》称颂他"虽无壮士节，与世亦殊伦""贱者虽自贱，重之若千钧"。

近代龚自珍赞扬他"江湖侠骨"。现代人对于荆轲的评价也存在着很大的分歧，当代著名学者韩兆琦认为："荆轲是一个武艺高强、侠肝义胆的勇士，他刺秦王的义举来自他对强秦的国仇家恨，也是他争取自己生存权的最后一搏。他与燕国不沾亲带故，如果说燕太子丹要刺杀嬴政有其报私仇的成分，那么，荆轲的目的则更是出于为救六国人民的侠义之心。"史学家张大可更是以"反暴"一词来诠释荆轲的行为。"太子丹开始并没有

重用荆轲，甚至后来让他去刺秦王，也没有完全理解和信任他，"韩兆琦解释说，"所以，荆轲并非要'为知己者死'，他的行为的价值不在于个人义气，而在于他代表了广大人民的抗暴之心。"对历史人物形象的情感把握表现出人民对真善美的追求和良好的情感愿望，但是这往往容易忽略人物形象及行为特征在特定历史条件下所呈现的不合理性和荒诞性，荆轲的历史形象其实具有复杂性和丰富性的特征，他并不属于一个尽善尽

美的像后代历史小说中塑造的关羽、赵云等英雄式的人物。但是荆轲这个人物，尽管他的行动失败了，尽管他自身存在着许多争议，他本身在历史上的悲剧意义和价值却不能因此而磨灭，反而更增加了人们对他命运的同情和纪念。

荆轲刺秦王为什么会失败呢？从战国历史中政治成败的角度去审视这个历史事件时，我们可以发现更多值得思考

的东西。在这样大的历史背景下，荆轲刺秦王的历史意义不言而喻。荆轲充当的角色是历史的拦车人，荆轲一个人的失败正昭示这一个时代的即将完结。燕太子丹和荆轲企图杀死秦王来扭转宗国的命运和时代的局势，但是此刻天下统一的历史趋势是不可阻挡的。华夏大地经过了几百年的分裂与混战，由于社会经济的发展和新的社会制度的出现、巩固与完善，必然迫使政治局面发生根本性的转变，诸侯割据的局面迟早要以大一统的国家的面貌而告终。退一步讲，

即使刺秦王的行动成功了，秦王归还了六国的土地或是秦王死掉了，秦国迟早还要卷土重来的，但是做秦始皇的人不一定是嬴政，或许是比嬴政更加有才略、更加暴虐的另一个秦王，六国被灭只是时间问题。天下大事分久必合、合久必分，说的就是这个道理。荆轲刺秦王的做法和想法达到的目的很类似于孟子所说的"携泰山以超北海"，胳膊底下夹着泰山并且想要越过北海，这是作为一个常人凭个人能力无法实现的空想奇谈，到头来只是徒劳一场，而且代价高昂。

古罗马学者朗加纳斯在《论崇高》

中，曾把庄严而伟大的思想作为崇高的两个主要来源之一和首要条件："一个毫无装饰、简单朴素的崇高思想，即使没有明说出来，也会单凭它那崇高的力量而使人叹服。"春秋战国时代虽没有这种审美标准的界定，但对君子的作风气度也曾有过某种约定俗成的认同。如孔子在《论语·泰伯》中说："兴于诗，立于礼，成于乐。"人们在社交场合颇有风度地征引《诗经》中的诗句被视为有君子之风。孟子也为君子的本性作了说明："君子所性，仁义理智根于心。"可见，对君子之风的认定是与中国诗歌传统中"温柔敦厚"的思想及其审美意识一脉相通的。
荆轲作为士文化阶层的一名代表，他当
然具有这种君子之风，而且历史选中他
做一名刺客去挽救诸侯国的命运也绝非
偶然。荆轲正是从一位士君子的角度以
天下为己任，寻求实现人生价值之路，
同时在君子的道德和"义"的趋势下舍
身赴命。但是他确是一位不完美的君子，
虽然在人生态度上是崇高的，但是，太
子丹"供太牢具，异物间进，车骑美女
恣荆轲所欲，以顺适其意"。司马迁对

于荆轲在物质上的贪恋直言不讳，这显然既不符合崇高标准，又与当时的"君子"规范相悖。"车骑美女恣荆轲所欲"一方面暴露了荆轲自暴自弃、自甘堕落的庸人思想；另一方面又很容易使人将其与后来的极端利己主义联系起来，极端的利己主义来源于荆轲的刺客身份，极端个人主义以一己之好恶来断定是非，并且盲目的知恩图报，这些都在刺客们的身上反映出来，荆轲当然也深受这种风气的影响。这是君子之义发展到极端的

表现，并不为我们所提倡。再次，很多
人往往把荆轲刺秦王的失败原因归结为
燕太子的狭隘和短视。从太子丹的言语
里我们就可以看出他是一个急功近利的
人，一方面为了自己被嬴政欺辱而想要
报仇，不顾国家的实力；另一方面，收
留一位流亡的将军，不肯听从正确的建
议去解决面临的灾难，只是一味想要快
速解决问题，结果不但把荆轲等送上了
不归之路，还失掉了可以苟延残喘的时
间。燕太子在用人上也时常会反映出对

人才的怀疑。如荆轲推迟动身日期"太子迟之，疑其改悔，乃复请曰：'日已尽矣，荆卿岂有意哉？丹请得先遣秦舞阳'"。太子还有不善用人的一面，荆轲的副手秦舞阳的选定是很失败的，这个秦舞阳虽然13岁就在光天化日之下杀人，平时别人都不敢正眼看他，但是在秦王群臣的威严之下，却吓得惊慌失措，由此可见他只是一般的市井之徒。然而荆轲对于主人这样的不足之处也没有很好的处理，在面对燕太子的怀疑时，竟然负气上路，而且也并没有坚决等到自己的朋友，而是带着一个并不满意的助手。基于这些，我们只能说他是一个不完美的君子。

荆轲在刺秦王的过程中还存在一个能力问题，人们不仅要为他那把浸了毒药的匕首没有碰到秦王所痛惜，很多人也认为这是他学艺不精造成的。如陶渊明的诗句"惜哉剑术疏，奇功遂不成"。中国历史博物馆研究人员陈成军根据《战国策·燕策》中的相关记载认为，荆轲根本就不是一个擅长打斗的武士。司马迁在《刺客列传》里也只是说荆轲"荆

卿好读书击剑"，与当时的著名剑客谈论剑术，但是并没有描述他自己有多么高超的剑术。至于他在刺秦王之前是否操过杀人的营生，历史上也是毫无记载的。而且，当一切准备妥当的时候，荆轲对于动身还是一拖再拖，因为他知道凭自己的武功没有把握完成刺杀行动，他在等待一个真正的武士，一个真正的刺客来协助他甚至是代替他完成这个艰难的任务。可是由于我们无法知道的原因，这位神秘的朋友却迟迟没有出现，在太

子的催促下荆轲只好带着这个在市井中
杀过人的小角色秦舞阳上路，在秦王的
大殿里，这个秦舞阳不但没有帮上忙，
反而吓得变了色，荆轲只好自己来扮演
这个刺杀的行动者。事实上，从荆轲一
生的行迹和举动来看，刺客之外他还有
一个纵横家的身份，而且他本身所具有
的纵横家的色彩还要浓于刺客的身份。
纵横家也属于士阶层，前面已经讲到春
秋战国时代出现的特殊文化现象——百
家争鸣，在这个过程中，儒、法、墨、

道等各个学派纷纷著书立说，相互辩论，其中有一派便是纵横家。纵横家是战国时以纵横捭阖之策游说诸侯，从事政治、外交活动的谋士，主要代表人物是苏秦、张仪等。战国时南与北合为纵，西与东连为横，苏秦力主燕、赵、韩、魏、齐、楚合纵以拒秦，张仪则力破合纵，连横六国分别事秦，纵横家由此得名。他们的活动对于战国时政治、军事格局的变

化有重要的影响，《战国策》对其活动有
大量记载。荆轲喜欢读书，善于游说，
有一定的学问，可以说他是个侠士，但
不是一个武夫。所以刺秦王的计划他应
该是一个领导者，而刺杀秦王的工作不
应该由他来完成。

五、壮士身已灭，
　　　　精神留千古

　　在前面我们从各个方面了解了荆轲
其人以及他刺杀秦王的壮烈故事。虽然
人们对于他的评价存在着争议，无论他
是逆历史潮流而动，还是他自身学艺不
精，有无法弥补的性格缺陷，但是在主
流和大众的观念里，他仍然是忠诚守义、
不畏强权、积极反抗、慷慨赴死的侠士。
从荆轲身上体现的以弱小的个体反抗强
权的勇气和甘为高尚的政治价值观和理
想主义献身的牺牲精神，不但值得赞颂

和学习，而且是值得千古流芳的。荆轲等战国游侠属于士阶层，大多数还出身于没落的贵族世家，他们的身份和学识，使得他们成为具有政治价值观和抱负的理想主义者，他们往往能够凌驾于物欲和人性之上，以天下为己任，将个人价值的实现放在国家民族、自由正义等信念上，把"立德、立功、立言"这三不朽作为人生的最高的追求目标。但作为理想主义者，要想在社会上建立经济、政治等方面的盖世的功业，过人的勇气和超人的智慧是不可缺少的。所谓勇气就是那种明知行动会招致自身的伤亡，也要以微弱的自身与强大的对方挑战的只知正邪、不计损益的高于常人的气概。
政治事业是对大道高义的奋争，是拯济
天下的伟业，它需要那种"虽千万人，我
往也"的执著和勇气，需要那种舍身取义、
杀身成仁、论万世不论一生，论顺逆不
论成败的节义。荆轲正是这种"明知不
可为而为之"的士人的典范，面对强大
的秦国，面对秦王君臣上下的威严气势
面不改色，变换自如。在时间的冲洗之下，
荆轲不但没有被人们遗忘，反而被人们
世代称颂，正昭示了荆轲精神的强大力

量。

后人对荆轲怀着深刻的情感，用各种各样的方式表达对他的敬仰，人们觉得用文字记录和歌颂的方式表达还不够，于是各地的荆轲墓和碑塔纷纷建起。荆轲在秦王的大殿上被擒获之后，秦王嬴政为了警示他国，显示秦国的神威，将荆轲肢解，身首数断，秦人怜而葬之，仅蓝田就埋有两处。据清代《蓝田县志》载："荆轲墓在县西北三十里，今位于华胥乡支家沟北……"又据民国牛兆濂《续修蓝田县志》载："荆轲墓在县城北关西北……"如今山东省菏泽市鄄城县吉山镇李胡同村西南不远处也有荆轲墓，但是最有名的还是建在当年易水送别之处的荆轲衣冠冢。今河北省易县城西的荆轲山上，原有一座庙宇叫圣塔院，此处曾有荆轲墓。其实此庙与塔为辽代所建，是为纪念荆轲而修的衣冠冢。十年浩劫中，荆轲墓同其他许多历史遗迹一样成

为了对于文化和历史误解的牺牲品，被歪曲的信念所毁坏，夷为平地，多年来已折戟沉沙销声匿迹。直到1995年，蓝田北关中学众师生，痛伤荆轲墓"黄钟弃毁，瓦缶雷鸣"的不公正遭遇，方在旧址旁修葺营建而成今日墓址的模样。进入蓝田县北关中学，绕过校正中的琢玉楼，沿林荫道，寻向学校的西北角，一块大约三米高的碑石，矗立在沉寂的道旁，玄色墨玉大理石的碑面上，醒目地篆刻着"燕国志士荆轲墓"的字样。正六边形矮矮的花墙内，围起一堆黄土，土堆上一丛丛、一簇簇茂盛的冬青，像绿色的花环，众星拱月般，托起孤立的石碑。碑首上有一块正面呈梯形、侧面如金字塔式的花岗石，人们对于英雄的信仰和崇拜被重新建立起来。荆轲墓作为蓝田古墓葬，历史上久负盛名，中华民族的璀灿文化，凭借着这些跌宕起伏的英雄史诗和古意盎然的古迹名胜，而得以确证并久传远扬，使人有所感悟又宛转深思。